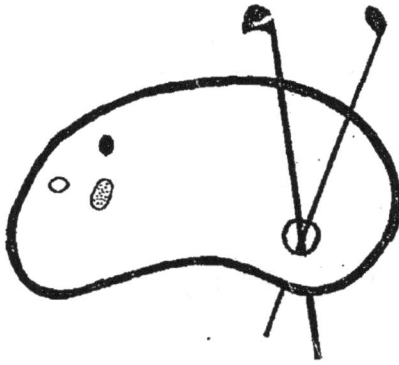

DÉBUT D'UNE SÉRIE DE DOCUMENTS
EN COULEUR

ÉTUDES DIVERSES

IV

ARMORIAL

DES CORPORATIONS

RELIGIEUSES ET CIVILES

DE LA PROVINCE D'ANJOU

PAR

HIPPOLYTE SAUVAGE

Avocat, ancien juge de paix.

EXTRAIT DE LA REVUE DE L'ANJOU

ANGERS

IMPRIMERIE-LIBRAIRIE DE E. BARASSÉ
8o, rue Saint-Laud, 8o

GERMAIN & G. GRASSIN, SUCCESSEURS

1878

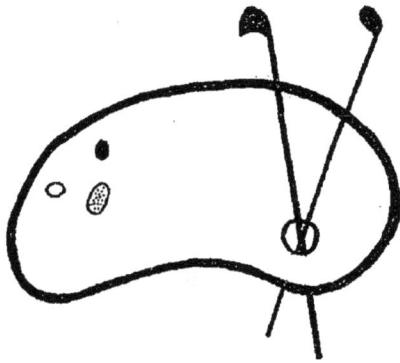

FIN D'UNE SERIE DE DOCUMENTS
EN COULEUR

Abb. de St Aubin d'Angers.

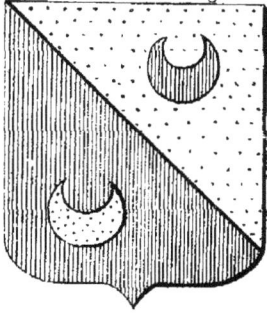

Ville de Durtal.

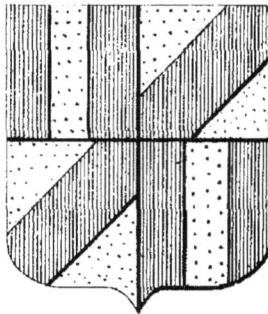

Ville de la Flèche.

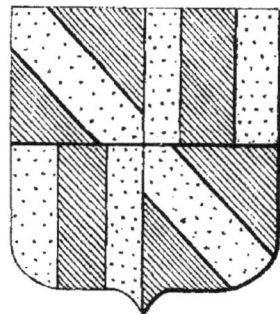

Ville de Segré.

Ville de Candé.

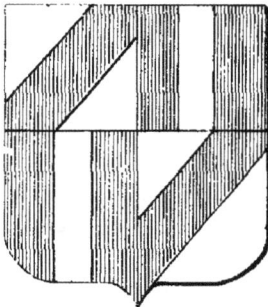

Ville d'Ingrandes.

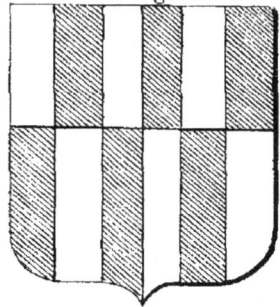

Prieuré de Beaufort en Vallée.

Cé du prieuré conventuel de N.D. de Cunault.

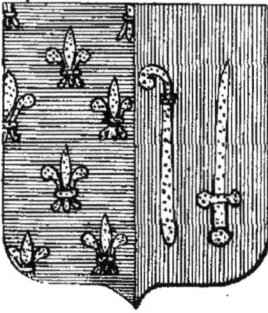

Ville des Ponts de-Cé.

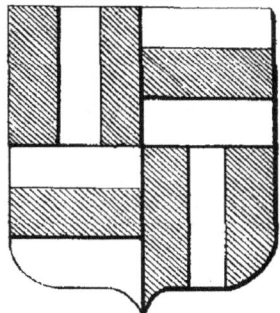

Ville de St Florent le Vieil.

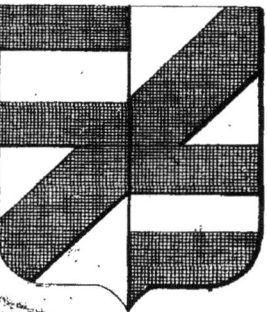

Ville de Beaupréau.

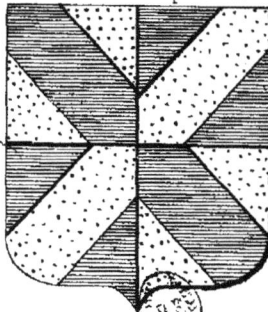

St Aubin d'Angers.

ARMORIAL

DES

CORPORATIONS RELIGIEUSES ET CIVILES

DE LA PROVINCE D'ANJOU.

Nous ne savons pas qu'il ait été publié aucun travail dans le genre de l'Armorial que nous offrons aujourd'hui aux lecteurs de la *Revue de l'Anjou*. Nous pensons même qu'aucun des éléments qui le composent n'existe dans cette province, à Angers du moins ; et c'est à Paris, à la Bibliothèque Nationale, aux sources officielles même , s'il est possible d'employer cette expression, que nous avons voulu puiser pour son agencement.

Notre recueil ne comprend cependant que les écussons de deux des anciens ordres, qui formaient autrefois la constitution politique de la nation, c'est-à-dire le clergé et le tiers-état de l'Anjou. Quant à l'ordre de la noblesse, nous n'en avons point pris soin, et nous laissons à d'autres cette étude, parce que, dans notre pensée, nous ne voulions pas composer un nobiliaire, mais seulement un armorial provincial, avec les emblèmes et les insignes particuliers de ses corporations religieuses et civiles, et de ses jurandes d'états et de métiers. Un nobiliaire, en un mot, eût exigé de nous des études, auxquelles nous étions incapable de nous livrer, tandis qu'un armorial, comme celui-ci, était tout préparé à l'avance par les lois fiscales, qui reçurent leur exécution dans les premières années du XVIIIe siècle.

Expliquons-nous.

Pendant la période désastreuse du long règne de Louis XIV, à l'époque où le Grand Roi, comme on le dit toujours par habitude, expiait sa fortune passée et sa gloire incontestable, au temps des revers de ce souverain si malheureux, il fallut recourir à tous les moyens pour battre monnaie et faire entrer du numéraire dans les coffres taris de l'Etat. Tout devint donc matière à impôt, et le blason lui-même fut soumis à la nécessité de payer finance. Alors on créa une administration spéciale, sous le titre de *Traitants*, et, pour de l'argent, on délivra des armoiries, inscrites au grand-livre de l'Armorial général de la France, à qui en voulait, et même à qui n'en voulait pas. Le bourgeois put ainsi, tout à l'aise, timbrer sa correspondance et décorer ses laquais d'un écusson bel et bien armorié, aussi bien que tel hobereau de son voisinage. Provinces, villes, évêchés, chapitres, abbayes, prieurés, tribunaux, corporations, familles, tout y passa et fut contraint de fléchir sous les fourches caudines du fisc, soit pour faire confirmer les brevets d'armoiries existantes, soit pour se voir doter de brevets de nouvelle création. Les traitants, qui, en 1696, les faisaient payer 20 livres aux particuliers et 50 livres aux communautés, exigibles, en cas de refus, par voie judiciaire, allèrent plus loin, et imaginèrent même, pour augmenter les recettes, d'expédier des armoiries à la fois au mari et à la femme.

On doit supposer, dès lors, qu'ils prirent grand soin à ne pas oublier les communautés et les corporations. Beaucoup d'entre elles cependant, espérant sans doute qu'elles passeraient inaperçues, se gardèrent bien de prendre l'initiative ; mais leur silence ne les sauva pas. Car, les demandes et justifications faisaient-elles défaut, les traitants n'eurent que l'embarras de formuler pour elles un nouveau blason, tout de fantaisie, également sujet à finance. C'est ainsi que quelques écussons de l'Anjou auront pu se trouver modifiés. La faute n'en sera pas à nous ; qu'on ne nous en fasse pas de reproches. Si notre travail contient aussi quelques lacunes, nous prions de remarquer qu'il ne peu être plus complet que celui dont le célèbre d'Hozier, le généalogiste officiel de la cour, a pris lui-même la responsabilité.

Observons également que fort peu de corporations d'arts et métiers eurent en France des armoiries, avant l'ordonnance fiscale de Louis XIV, et avant l'époque surtout où le blason

Ville du Lion d'Angers.   Ville de Montreuil-Bellay.   Ville de Doué.

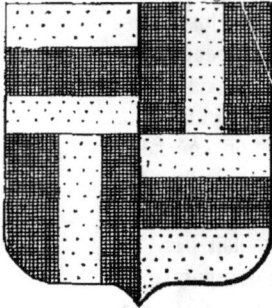

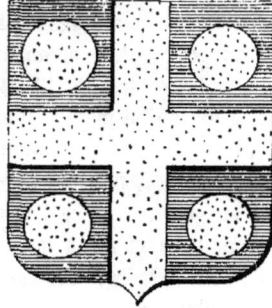

Ville de Montsoreau en Anjou   Prieuré de Cunault.   Abb. des rel.ses du Perray.

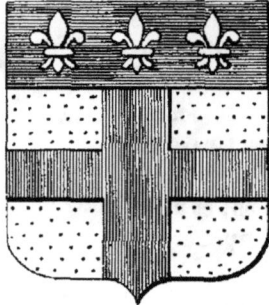

Province et gouver.t d'Anjou.   Le corps de la Ville d'Angers.   Abb. du Ronceray d'Angers

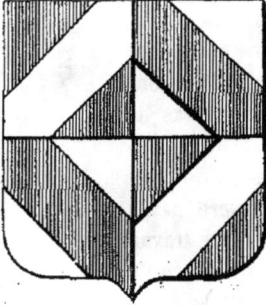

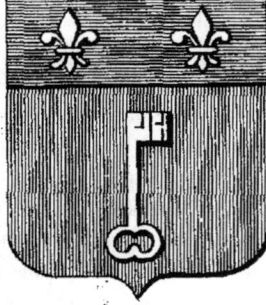

Ville de Saumur.   Université d'Angers.   Abb. du Perray les Angers religieuses.

L'Evêché d'Angers

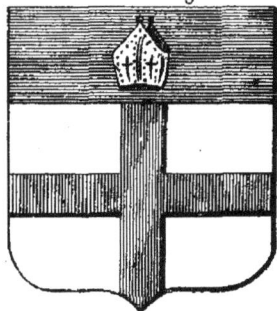

Abbaye de St Nicolas d'Angers.

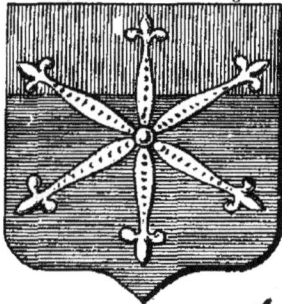

Abbaye de St Georges-s-Loire.

Abbaye du Loroux.

Abbaye de St Florent le Vieil.

Abbaye de la Boissière.

Prieuré de l'Evière

Abb. de St Florent de Saumur.

Le Chap. de St Martin.

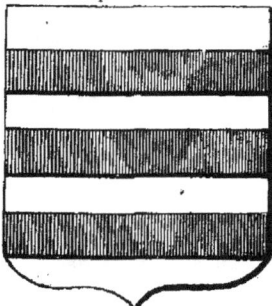

Cte de l'Abb. de Toussaint d'Angers.

Abbaye de Pontron.

Abb. de St Serge et S.Bach. d'Angers.

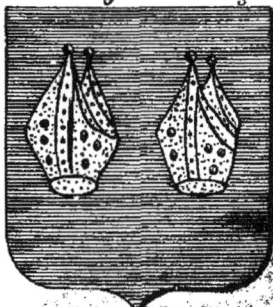

devint, avant tout, matière à impôt. En 1696 et aux années suivantes, au contraire, toutes, ou à peu près sans exception, en furent gratifiées, moyennant espèces métalliques. On voulut enfin que, dans les petites localités, lorsqu'une corporation ne parut pas avoir assez d'importance pour qu'on lui assignât un blason privé, plusieurs se réunissent ensemble pour obtenir un écusson particulier, et le prix du brevet dut être payé par portions égales entre elles. Il résulta de là un travail immense, que les savants héraldistes du temps furent chargés de dresser, et dans lequel ils s'empressèrent de faire figurer tous les saints patrons du calendrier, et une profusion de couperets, de couteaux, de pelles, d'échelles, de chaudières, de spatules, d'écritoires, de plumes à écrire, etc., etc.

Toujours est-il que leur œuvre porte dans le mss. de la Bibliothèque Nationale le titre d'*Armorial général*, et que, rédigé sous la rubrique de la généralité de Tours, il comprend, pour ce qui regarde l'Anjou, « l'*Etat des noms et qualités des personnes et communautés, dont les armoiries ont été portées aux bureaux établis par Me Adrien Vanier, chargé de l'exécution de l'édit royal du mois de novembre 1696.* »

Cet état fut présenté à nos seigneurs les Commissaires généraux du Conseil, députés par Sa Majesté, par arrêts des 4 décembre 1696 et 23 janvier 1697. Enfin il fut vu et enregistré à l'*Armorial général* par Charles d'Hozier, conseiller du roi, généalogiste de sa maison, et gardien de l'*Armorial général de France*. Il porte, pour notre province, les dates des 22 août 1698, 25 juin 1700, 1er juillet 1700 et 5 janvier 1708 ; ce sont des pièces indiscutables.

Avec ces éléments, que l'on nous autorise à faire dérouler sous les yeux des lecteurs, comme dans une longue procession de la Fête-Dieu, tous les emblèmes et signes héraldiques de l'Anjou (1) ! Chaque corporation portera ainsi, en tête de chacun

(1) Nous avons cru devoir conserver dans notre nomenclature les deux Elections de La Flèche et de Châteaugontier, qui faisaient partie autrefois de l'Anjou. La province, on le sait, ne se bornait pas au seul département actuel de Maine-et-Loire et aux limites qu'il a reçues.

de ses affiliés, les insignes qui lui avaient été octroyés par l'autorité royale, et dont elle s'enorgueillit pendant tout le dernier siècle. La fête du Sacre d'Angers avait une immense réputation, méritée, dit-on, dans toutes les contrées de l'Ouest. Elle la devait, en grande partie, à ses associations nombreuses, à ses étendards bariolés d'azur, de gueules, de sinople, etc., et au luxe d'or et d'argent, répandu à profusion, dans ses bannières flottantes aux vents et scintillantes aux chauds rayons de son soleil privilégié.

Que, pour un instant, il nous soit permis d'évoquer ces splendides expositions, dont les populations, malgré tant d'années écoulées, n'ont pas encore entièrement perdu le souvenir traditionnel, et nous aurons, pour notre part, contribué peut-être à la restauration de l'un des plus antiques et des plus précieux usages de l'Anjou.

HIPPOLYTE SAUVAGE.

Le 10 janvier 1876.

CHAPITRE PREMIER.

LE CLERGÉ DE L'ANJOU.

L'Evêché d'Angers : d'argent à une croix de gueules et un chef d'azur, chargé d'une mitre d'or.

I.

LE CLERGÉ SÉCULIER.

ANGERS.

1. — Le chapitre de l'église cathédrale d'Angers : de gueules à un rais d'escarboucle pommeté et fleurdelysé d'or.
2. — Le chapitre de l'église collégiale de Saint-Mainbeuf d'Angers : d'azur à trois crosses d'or, deux en chef, adossées, et une en pointe, tournée à senestre.
3. — Le chapitre de l'église royale de Saint-Martin de la ville d'Angers : d'argent à trois fasces de gueules.
4. — Le chapitre de l'église collégiale de Saint-Maurille de la ville d'Angers : d'azur à un saint Maurille, vêtu pontificalement, donnant la bénédiction de sa main dextre à un enfant nu, contourné et à genoux, et tenant de sa main senestre une crosse, le tout d'or, posé sur une terrasse de même.
5. — Le chapitre de l'église collégiale de Saint-Pierre d'Angers : d'azur à un saint Pierre, à dextre, et un saint Paul, à senestre, posés debout sur une terrasse, et une tiare en chef, accostée de deux fleurs de lys et

soutenue d'une troisième, le tout d'or, et une clef d'argent passée en sautoir, avec une épée de même, au-dessous de la troisième fleur de lys.

6. — Le chapitre de l'église collégiale de Saint-Jean-Baptiste de la ville d'Angers, uni au séminaire de ladite ville : d'azur à un saint Jean-Baptiste d'or, tenant une longue croix de même, senestré de son agneau d'argent, rampant contre sa cuisse.

7. — La dignité de grand pénitencier en l'église cathédrale d'Angers : de gueules à une clef d'argent, posée en pal.

8. — La chantrerie de l'église cathédrale d'Angers : d'argent à trois lions de gueules, posés deux et un.

9. — La trésorerie de l'église cathédrale d'Angers : d'azur à une bourse d'argent.

10. — Le chapitre de Saint-Léonard de Chemillé : de gueules à un saint Léonard, vêtu en évêque, d'argent, crossé et mitré d'or.

11. — Le chapitre de Saint-Laud-lès-Angers : d'azur à trois fleurs de lys d'or, posées deux et une.

12. — Le chapitre de Sainte-Croix de Beaupréau : de gueules à une croix, haussée, alaisée d'or, au pied fiché de sable, cantonnée de quatre fleurs de lys aussi d'or.

13. — Le chapitre de l'église collégiale de Saint-Pierre de Mont-limard : d'azur à un saint Pierre, tenant de sa main senestre deux clefs en barre, dans une niche à l'antique, le tout d'or.

SAUMUR.

1. — Le chapitre de Martigné-Briant : d'azur à un buste de saint Simplicien de carnation, mitré d'or et vêtu de même, au-dessus duquel est un hachereau ou ganivet de boucher d'argent, emmanché de gueules et cloué d'or, posé en fasce.

2. — Le chapitre de La Grézille : de sable à trois fasces den-

chées par le bas d'or et une Notre-Dame de carnation, brochante sur le tout, habillée de pourpre et d'azur, couronnée d'une couronne ducale d'or.

3. — Le chapitre de Blaison : d'azur à un saint Aubin de carnation, habillé d'argent, chapé et mitré d'or, diademé de même, tenant de sa main senestre sa crosse aussi d'or,

4. — Le chapitre et la communauté de l'église royale de Saint-Denis de Doué : d'argent à un écusson en pointe d'azur, chargé de trois fleurs de lys d'or, posées deux et une ; l'écusson supportant un saint Denis de carnation, diademé d'or, habillé de pourpre et de gueules, brodé d'or, soutenant avec ses mains sa tête mitrée d'or, le col ensanglanté de gueules.

5. — Le chapitre de Notre-Dame de Nantilly de Saumur : d'azur à une Notre-Dame au naturel, habillée d'argent, portant l'enfant Jésus aussi au naturel, tenant en sa main dextre un sceptre royal d'or, appuyé sur un croissant d'argent, entourée de rayons d'or, avec ces paroles autour : *Sigillum capituli ecclesiæ Salmuriensis.*

6. — Le chapitre de Saint-Pierre de Saumur : d'azur à deux clefs adossées d'or, passées en sautoir, liées avec un ruban d'argent et surmontées d'une tiare papale d'or.

7. — Le chapitre de Saint-Nicolas des Billanges de Saumur : d'azur à un saint Nicolas de carnation, vêtu d'une aube d'argent, chapé, mitré et crossé d'or, sur un terrain de sinople.

8. — Le chapitre de Montsoreau en Anjou : d'azur semé de fleurs de lys d'argent, à un lion de gueules brochant sur le tout.

BAUGÉ.

1. — Le chapitre de l'église paroissiale de Jarzé : de sable une croix d'argent.

MONTREUIL-BELLAY.

1. — Le chapitre de l'église collégiale du château de Montreuil-Bellay : d'azur à une Notre-Dame d'or, posée sur la porte d'une ville au naturel, maçonnée de sable.

2. — Le chapitre royal du Puy-Notre-Dame en Anjou : de gueules à une Sainte Vierge, avec son enfant Jésus entre ses bras, assise dans une niche à la gothique d'or, ayant à ses pieds un écusson chargé de trois fleurs de lys d'or, posées deux et une, et un dauphin de même, posé en cœur.

LA FLÉCHE.

CHATEAUGONTIER.

1. — Le chapitre de Saint-Just de la ville de Châteaugontier. : d'azur à un saint Just, martyr, d'argent, vêtu d'une tunique sans manches de gueules, portant sa tête entre ses bras, une croisette pattée aussi d'argent, posée en chef, et autour ces mots : *Sigillum sancti Justi, martyris*.

2. — Le chapitre de Saint-Nicolas de Craon: d'azur à un saint Nicolas d'or.

II.

LE CLERGÉ RÉGULIER.

ABBAYES ET COMMUNAUTÉS D'HOMMES.

ANGERS.

1. — L'abbaye de Saint-Serge et Saint-Bach d'Angers : d'azur à deux mitres d'or, mises en fasce.

2. — Le couvent de l'abbaye de Saint-Serge et Saint-Bach d'Angers : d'argent à deux hommes de carnation ,

armés de toutes pièces de sable, représentant l'un saint Serge et l'autre saint Bach, tenant chacun d'une main une hallebarde de même et de l'autre tenant ensemble un écu à l'antique, parti au premier d'azur à une croix d'or, cantonnée de huit croisettes de même, deux à chaque canton, l'un sur l'autre, et au deuxième de gueules au rais d'escarboucle fleurdelysé d'or.

3. — L'abbaye de Saint-Aubin de la ville d'Angers : tranché d'or et de gueules, à deux croissants de l'un en l'autre.

4. — La communauté des religieux de Saint-Aubin d'Angers, ordre de Saint-Benoît : lozangé d'argent et de gueules.

5. — La communauté des religieux de l'abbaye de Pontron, ordre de Cîteaux : fretté d'argent et de gueules.

6. — Charles Goddes de Varenne, abbé de l'abbaye royale de Pontron : échiqueté d'argent et d'azur, à un lion de gueules, brochant sur le tout.

7. — La communauté des chanoines réguliers de Saint-Augustin, de la congrégation de Sainte-Croix-du-Verger : de gueules à neuf macles d'or, accollées trois et trois et un chef de sable, chargé d'une croix de huit pointes, dont le montant est d'argent et la traverse de gueules, accostées de deux fleurs de lys d'or.

8. — La communauté des chanoines réguliers de l'abbaye de Saint-Georges-sur-Loire : d'azur semé de fleurs de lys d'argent, à un saint Georges à cheval d'argent, perçant avec sa lance un dragon d'or, qui est à ses pieds.

9. — L'abbaye de Saint-Georges-sur-Loire, ordre de Saint-Augustin : de même.

10. — Jean-Louis Caton de Cour, abbé commendataire de l'abbaye de Saint-Georges-sur-Loire, ordre de Sainte-Geneviève : de gueules à un chevron d'or, chargé de deux lions affrontés de sable.

11. — L'abbaye de Toussaint de la ville d'Angers : d'azur à six croix d'argent, posées trois en chef et trois en pointe, et une crosse de même en cœur.

12. — La communauté des chanoines réguliers de l'abbaye de

Toussaint de la ville d'Angers : de gueules à un agneau pascal d'argent, tenant une croix d'or, à laquelle est attachée une banderolle d'argent, l'agneau passant sur une terrasse d'or.

13. — La communauté des prêtres de l'Oratoire de Jésus, établie en la ville d'Angers : d'azur à ces deux mots *Jésus Maria*, écrits l'un sur l'autre d'or ; le tout dans une couronne d'épines de même.

14. — La communauté des religieux de Saint-Florent-le-Vieil, ordre de Saint-Benoît : d'azur à un sautoir engrêlé d'or, accompagné de quatre fleurs de lys de même.

15. — La communauté des religieux de l'abbaye de Saint-Nicolas d'Angers : d'azur à un chef cousu de gueules, aux rais d'escarboucle fleurdelysé aux extrémités d'or, brochant sur le tout.

16. — La communauté des prêtres de la congrégation de la Mission de la ville d'Angers : d'azur à l'image de Notre Seigneur d'or, avec cette inscription autour : *Superior domús Andegavensis congregationis Missionis.*

17. — Le couvent des Cordeliers de la ville d'Angers : d'argent à une croix de sable, haussée, embrassée par deux bras de carnation, l'un et l'autre vêtus de sable et passés en sautoir.

18. — Le couvent des Carmes de la ville d'Angers : de sable, mantelé arrondi d'argent à trois étoiles, deux en chef et une en pointe de l'un en l'autre.

19. — Le couvent des Jacobins de la ville d'Angers : d'argent mantelé arrondi de sable, l'argent chargé d'un chien de sable, tenant en sa gueule un flambeau de même, allumé de gueules.

20. — Le couvent des Carmes de Saint-Joseph-de-Chaslain : de sable mantelé arrondi d'argent à trois étoiles, deux en chef et une en pointe de l'un en l'autre.

21. — Le couvent des Augustins de la ville d'Angers : d'or à un cœur de gueules enflammé de même, percé de deux flèches de sable, ferrées d'argent, passées en sautoir.

22. — Le couvent des Augustins de Candé : d'or à un cœur enflammé de gueules, percé de deux flèches de sable, passées en sautoir.

SAUMUR.

1. — La communauté des prêtres de l'Oratoire de Notre-Dame-des-Ardilliers de Saumur : d'azur à un Jésus Maria, écrit en lettres d'or, entouré d'une couronne d'épines au naturel.

2. — L'abbaye de Saint-Florent de Saumur : d'or à pièces emportées sans nombre de gueules, chacune soutenant un grillet d'argent, écartelé de gueules à trois pals de vair et un chef d'or chargé à dextre d'une merlette et sable et sur le tout de gueules à quatre fasces d'argent.

3. — La communauté et le collége des prêtres de l'Oratoire de Saumur : d'azur aux deux noms *Jesus Maria* écrits en lettres d'or, l'un sur l'autre et entourés d'une couronne d'épines au naturel.

4. — La communauté des religieux Bénédictins de l'abbaye de Saint-Maur-sur-Loire : d'azur à sept fleurs de lys d'or, posées trois, trois et une.

5. — La communauté des religieux Bénédictins de Saint-Florent de Saumur : d'azur à une crosse d'or, posée en pal, tournée en dedans, acostée à dextre d'une clef d'argent et à senestre d'une fleur de lys d'or.

6. — La communauté des religieux Bénédictins de l'abbaye de Saint-Pierre de Bourgueil : d'azur à deux clefs adossées, passées en sautoir d'or, surmontées d'une fleur de lys de même en chef.

7. — La communauté des religieux du Breil-Bellay : d'argent à une Notre-Dame de carnation, vêtue de pourpre et d'azur, diaprée d'or, tenant l'enfant Jésus aussi de carnation, l'un et l'autre diademés d'or, sur un terrain de sinople.

8. — L'abbaye régulière d'Asnières : d'azur à une fasce d'or, écartelé d'or à une fasce d'azur.

BAUGÉ.

1. — La communauté des religieux de Notre-Dame-de-la-Bois-
sière, ordre de Cîteaux : d'argent à une Notre-Dame et
une croix de Jérusalem de gueules.

2. — La communauté des religieux de l'abbaye de Notre-Dame
du Loroux, ordre de Cîteaux : d'azur à deux fleurs de
lys d'argent.

3. — Le couvent des Bénédictins de la ville de Baugé : d'azur à
une barre d'or, écartelé d'or à une fasce d'azur.

4. — L'abbaye du Loroux : d'argent à une bande de sable,
écartelé de sable à une barre d'argent.

MONTREUIL-BELLAY.

1. — La commanderie de la Lande du Verché : de sinople à un
arbre d'or et un chef d'argent, chargé d'une croix de
gueules.

LA FLÈCHE.

1. — L'abbaye de Bonlieu : de sinople à une croix d'or accompagnée de quatre étoiles d'argent.

2. — Le couvent des religieux de Payreneuf : de gueules à une
perle d'or, accompagnée de trois croix d'argent.

3. — L'abbaye de Payreneuf de Precigny : d'azur à une crosse
d'or et un chef d'argent, chargé de trois poires de
gueules.

4. — La communauté des religieux de l'abbaye de Vaas : d'argent à une fasce de gueules, chargée d'un calice d'or.

CHATEAUGONTIER.

1. — Le couvent de Saint-Clément de Craon : d'azur semé de
fleurs de lys d'or, à un ancre d'argent, brochant sur le
tout.

ANGERS.

1. — La Communauté des religieux du prieuré de l'Évière de la ville d'Angers, ordre de Saint-Benoît : de gueules à une aiguirre d'argent et un chef cousu d'azur, chargé de trois fleurs de lys d'or.

2. — Le prieuré d'Avrillé : d'or, coupé de sable, à un lion de l'un en l'autre lampassé et couronné de gueules.

3. — Le prieuré de Seiches : d'azur à une fleur de lys d'argent.

4. — La communauté des religieux du prieuré de Saint-Pierre-de-Chemillé, ordre de Saint-Benoît : d'azur à deux clefs adossées d'or, posées en pal, les pennetons en bas.

5. — Le prieuré de Saint-Blaise-de-Quinçay : d'or à six annelets de gueules, posés trois, deux et un.

6. — Le prieuré-cure de Tiercé : d'argent à un chevron de gueules, accompagné en chef de deux flammes de même et en pointe d'un massacre de cerf, et un chef d'azur chargé de deux étoiles d'argent.

7. — Le prieuré de Sainte-Colombe près Brissac : d'argent à un sautoir d'azur, chargé en cœur d'un soleil d'or.

8. — Le prieuré de Chefs : d'azur à deux chevrons d'or accompagnés de trois croissants de même, deux en chef et un en pointe.

9. — Le prieuré-cure de Cellière : d'argent à un chevron de de gueules, accompagné de trois merlettes de sable, deux en chef et une en pointe et un chef d'or chargé de deux cœurs de gueules.

10. — Le prieuré de Beaufort-en-Vallée : d'azur à trois bandes d'or.

11. — Le prieuré de l'Évière : de gueules à trois têtes de chèvres arrachées d'argent, posées deux et une.

12. — Le prieuré de Saint-Jean-des-Mauvrets : d'azur à un saint Jean-Baptiste d'or, avec un agneau d'argent.

13. — Le prieuré-cure de Chavagne : d'azur à cinq étoiles d'or posées deux, deux et un.

14. — Le prieuré-cure des Essards : lozangé d'or et de sable, à une croix alaizée de gueules, brochant sur le tout.

15. — Le prieuré de Gesté : de gueules à une croix dentelée d'argent.

16. — Le prieuré de Saint-Jean de Thouarcé : de gueules à un chevron d'argent, accompagné de trois lions de même.

17. — Le prieuré de Montreuil-sur-Maine : d'azur à une fasce d'argent, chargée de trois croix de gueules.

18. — La communauté des religieux du prieuré de la Primaudière, ordre de Gradmont : d'azur à une Notre-Dame d'or.

19. — Le prieuré de Saint-Saturnin-sur-Loire : d'azur à un bâton prieural d'or en pal, accosté des deux lettres S. et S. de même.

20. — Le prieuré de la Magdeleine de Faye : de gueules à une boîte couverte d'or, accostée des deux lettres S. et M. de même.

21. — Le prieuré-cure de Chauveaux : d'argent à un arbre de sinople et un lion de sable passant devant le fust de sable.

22. — Le prieuré du Fief-Sauvin : d'azur à un cerf passant d'or.

23. — Le prieuré de Chateaupanne : de gueules à un château d'argent, à un bâton prieural en pal d'or, brochant sur le tout.

24. — Le prieuré de Saint-Augustin-des-Bois : d'azur à un bâton prieural d'or en pal, accosté des deux lettres S. et A. de même.

25. — Le prieuré de Chambellay, échiqueté d'or et de gueules.

26. — Le prieuré des Alleunes, ordre de Saint-Benoît : d'or à trois arbres arrachés de sinople, posés deux et un.

27. — Le prieuré de Trèves, ordre de Saint-Benoît : d'azur à un bâton prieural d'argent, accosté de deux tours de même.

28. — Le prieuré de la Rouaudière : de gueules à un bâton prieural d'or accosté de deux roues de même.

29. — Le prieuré d'Aviré : de sable à une croix d'or.

30. — Le prieuré de Chazé-sur-Argos : de gueules à une église d'argent.

31. — Le prieuré de Trélazé : d'argent fretté de sable, à un bâton prieural d'or en pal, brochant sur le tout.

32. — Le prieuré de Saint-Lambert-du-Lattay : d'azur à un bâton prieural d'or en pal, accosté des deux lettres S. et L. de même.

33. — Le prieuré de Saint-Pierre d'Andrezé, ordre de Saint-Benoît : d'argent à une croix pattée de gueules.

34. — Le prieuré de Saint-Quentin-en-Mauges : d'azur à un lion d'or.

35. — Le prieuré de Saint-Pierre-de-Seronne de Châteauneuf : d'azur à un bâton prieural d'or, accosté des deux lettres S. et P. de même.

36. — Le prieuré de Brissarte : d'or à trois chevrons de gueules.

37. — Le prieuré de Corzé : d'argent à trois cors de chasse de sable.

38. — Le prieuré du Lion-d'Angers : d'or à un lion de sable, lampassé et couronné d'azur.

39. — Le prieuré de Sauge-aux-Moines, en Saint-Elie : d'or à un sautoir d'azur, accompagné de quatre croix ancrées de même.

SAUMUR.

1. — Le prieuré-cure de Dampierre : d'azur à deux lions afrontés d'or, soutenant une épée d'argent.

2. — Le prieuré de Denezé : d'or à deux jumelles d'azur, et un chef de gueules chargé de trois croix pattées d'argent.

3. — Le prieuré conventuel de Notre-Dame de Cunault : parti au premier, d'azur semé de fleurs de lys d'or ; au deuxième, de gueules à une crosse d'or posée en pal à dextre et une épée de même à senestre.

4. — Le prieuré de la Magdelaine de Boumois : d'or à un chevron d'azur, chargé de trois croix pattées d'argent.

5. — Le prieuré de Chacé : d'argent à une croisette de sable, posée en chef, entourée d'un nuage d'azur et trois lions couchés de gueules, deux en fasce et un en pointe ; les deux en fasce adossés, les têtes contournées regardant la croix.

6. — Le prieuré-cure d'Aubigné : de gueules à un lion d'hermines.

7. — Le prieuré de Courschamps : d'azur à une Notre-Dame d'or.

8. — Le prieuré des Ulmes-Saint-Florent : d'azur à trois arbres d'or, sur une terrasse de même.

9. — Le prieuré de Saint-Eusèbe : d'azur à un bâton prieural d'or, accosté des deux lettres S. et E. de même.

10. — Le prieuré de Fosseblay : de gueules à trois gerbes d'or, posées deux et un.

11. — Le prieuré de Baigneux : d'or à une croix de gueules.

12. — Le prieuré commandataire de Notre-Dame de Cunault : d'azur à une Notre-Dame d'or.

13. — Le prieuré de Saint-Lambert : de sinople à un bâton prieural d'or, accosté des deux lettres S. et L. de même.

14. — Le prieuré de Briant, en Anjou : d'argent à un sautoir de gueules et un chef de sable, chargé d'une crosse d'or.

BAUGÉ.

1. — Le prieuré de Rillé : d'argent à un pal de sinople écartelé de sinople à une bande d'argent.

MONTREUIL-BELLAY.

1. — Le prieuré de la Fougereuse, ordre de Saint-Benoît : d'argent à une bande de sable, chargée de trois croissants d'argent, tournés en bande.

2. — Le prieuré-cure de Saint-Paul-du-Bois : d'argent à un

chevron de gueules, accompagné de trois roses de même, posées deux en chef et une en pointe et un chef d'azur chargé de trois losanges d'or.

3. — Le prieuré du Coudray-Monbault : d'or à un croissant de gueules, accompagné de quatre étoiles de même, une en chef, deux aux flancs et une en pointe.

4. — Le prieuré du Puy-Notre-Dame : de sinople à un puits d'argent et un chef d'or chargé d'une croix de gueules.

5. — Le prieuré de Montreuil-Bellay : d'azur à une croix d'or et un chef d'argent chargé de trois montagnes de de sinople.

6. — Le prieuré de Montilliers : d'azur à trois montagnes d'or, posées deux et une.

7. — Le prieuré de Fuolle : de sable à une croix d'argent et un chef de sinople chargé d'une crosse d'or.

8. — Le prieuré de Concourson : d'argent à un ours de sable et un chef de gueules chargé de trois perles d'argent.

LA FLÈCHE.

1. — Le prieuré de Souleine : de sable à une crosse d'argent, accompagnée de deux étoiles d'argent.

2. — Le prieuré de Saint-Thomas de la ville de La Flèche : de gueules à une croix d'argent, accompagnée de quatre croissants de même.

3. — Le prieuré de Poillé : d'argent à une queue de cheval de sable et un chef d'azur, chargé d'une croix d'or.

4. — Le prieuré conventuel des religieux bénédictins de Saint-Pierre de Souleine : d'azur à une bande d'or, chargée d'une fleur de lys de sable.

5. — Le prieuré de La Motte : d'argent à trois moutons de sable, posés deux et un.

6. — Le prieuré de Douazé : d'azur à deux jumelles d'or.

7. — Le prieuré de Creans : d'or à une croix de sable, accompagnée de quatre coquilles de gueules.

2

8. — Le prieuré du Château Sénéchal : d'azur à une perte de
gueules, accompagnée de trois roses de même.

9. — Le prieuré de Brûlon : de gueules à une salamandre
d'or et un chef d'argent, chargé d'une crosse de sable.

10. — Le prieuré de Ballée : d'azur à une boule d'or et un chef
d'argent, chargé de deux étoiles et un croissant au
milieu de gueules.

11. — Le prieuré de Joué : d'argent à un lion de sinople et un
chef d'azur, chargé de deux étoiles d'or.

12. — Les religieux du prieuré de Saint-Vincent : d'azur à une
crosse d'or, entourée d'un chapelet de même.

13. — Le prieuré de Marson : d'azur à un dauphin d'argent.

14. — Le prieuré de la ville de Sablé : de sable à un aigle à
deux têtes d'argent, becqué, membré et couronné de
gueules.

15. — Le prieuré d'Etriché : d'or à une fasce de gueules, chargée de trois alérions d'argent.

16. — Le prieuré de La Loretière, en Parcé : de gueules à trois
couronnes de laurier d'or, posées deux et une.

17. — Le prieuré de Saint-André de La Flèche : d'or à un
sautoir de sable, chargé de quatre clous d'argent, un
à chaque extrémité.

18. — Le prieuré d'Aumeray : d'azur à une semence d'hermines.

19. — Le prieuré de Saint-Nicolas-de-la-Chartre : d'azur à un
navire d'or, accompagné en chef de deux crosses de
même.

20. — Le prieuré de Creux en Bazouges : d'argent à trois
cruches de sable, posées deux et une.

21. — Le prieuré de Thorigné en Charny : d'argent à trois
tours de gueules, posées en fasce.

22. — Le prieuré de Clermont : de gueules à une montagne
d'argent en pointe et un soleil d'or en chef.

23. — Le prieuré de Juigné : d'argent à une croix de Lorraine
de sable.

24. — Le prieuré d'Auvers-le-Hamon : de sable à un arbre ren-
versé d'argent.

25. — Le prieuré de Gouy : de gueules à un sautoir d'argent, accompagné de quatre gourdes de même.

26. — Le prieuré de Loué : de gueules à un soleil d'église ou Saint-Sacrement d'or, ayant l'hostie d'argent.

27. — Le prieuré de Ferée : d'or à une fasce de sable, couronnée de gueules.

28. — Le prieuré de Vaslon : d'azur à deux montagnes d'argent et un chef d'or chargé de trois crosses de gueules.

29. — Le prieuré de Fontenay : de gueules à une fontaine d'argent et une bordure d'or.

30. — Le prieuré de Beaumont-sur-Sarthe : de sinople à une montagne d'or.

31. — Le prieuré des Champs, près La Flèche : d'azur à une fasce d'or, chargée de trois arbres de sinople.

32. — Le prieuré de Veron : de gueules à trois vers à soie d'argent, posés deux et un.

CHÂTEAUGONTIER.

1. — Le prieuré de Gennes : d'azur à un chevron d'or, accompagné en chef de deux croissants d'argent et en pointe d'une rencontre de bœuf de même.

2. — Le prieuré de Chemazé : d'argent à un cœur de gueules, enflammé de même.

3. — Jean Trouillet, prêtre, prieur commandataire du prieuré-cure de Livré : d'or à une branche de chêne de sinople, posée en pal, garnie de feuilles de même et de trois glands d'or encoquelés aussi de sinople.

4. — Le prieuré-cure de Saint-Sauveur de Flée : de sable à un christ d'argent.

5. — Le prieuré de Saint-Georges-du-Mesnil : d'azur à un saint Georges d'argent.

6. — Le prieuré d'Azé : d'azur à un bâton pastoral d'or.

7. — Le prieuré de Villiers : d'azur à trois coquilles d'argent, posées deux et un.

8. — La communauté des religieux bénédictins du prieuré de

Saint-Jean-Baptiste de Châteaugontier : d'argent à un agneau passant de sable, tenant une croix longue de gueules, d'où pend un étendard ou guidon d'azur, chargé d'un écusson losangé d'or et de gueules.

9. — Le prieuré de Fourmentières : d'argent à une fourmi de sable.

III.

ABBAYES ET COMMUNAUTÉS DE FEMMES.

ANGERS.

1. — La communauté des religieuses de la Visitation-Sainte-Marie-lès-Angers : d'or à un cœur de gueules, percé de deux flèches d'or, empennées d'argent, passées en sautoir au travers du cœur chargé d'un nom de Jésus d'or, enfermé d'une couronne d'épines de sinople ; les épines ensanglantées de gueules ; une croix de sable fichée dans l'oreille du cœur.

2. — Le couvent des religieuses de Sainte-Catherine, de l'ordre de Cîteaux, dans la ville d'Angers : d'argent à un nom de Jésus d'azur, sommé d'une croix de même et soutenu de trois clous de la passion, appointés de sinople, sable ; le tout enfermé dans une couronne d'épines de

3. — Le couvent et la communauté des religieuses Ursulines de la ville d'Angers : d'azur à une tige de lys de jardin, fleurie de trois fleurs ; le tout au naturel et mouvant d'un buisson d'épines d'or.

4. — La communauté des Filles de la Propagation de la Foi, sous le titre de la Trinité, établie à Angers : d'azur à un triangle, vidé, engrêlé et pointé en haut d'or ; au dedans duquel il y a quatre lettres ou caractères hébraïques aussi d'or posées en fasce.

5. — Le couvent de la Fidélité, ordre de Saint-Benoît, en la
ville d'Angers : d'or, semé d'étoiles d'azur, à une
vierge de front, les bras croisés sur son estomac de
sable, soutenue d'un croissant d'azur.

6. — La communauté des religieuses de l'abbaye du Perray-
lès-Angers, ordre de Cîteaux : d'azur à une Notre-
Dame tenant son fils Jésus entre ses bras, d'or.

7. — La commumauté des religieuses de Notre-Dame de la
Haye, ordre de Grandmont lez-Angers : d'azur à une
Notre-Dame tenant son fils entre ses bras, d'argent.

8. — Le couvent et la communauté des religieuses Carmé-
lites de la ville d'Angers : d'argent à une montagne de
sinople, supportant une croix haussée de sable et trois
étoiles, deux de sinople au côté de la croix et une
d'argent sur la montagne.

9. — La communauté des religieuses de l'hôpital de Saint-
Joseph de Beaufort : d'azur à un saint Joseph de carnation, vêtu d'or, tenant en sa main dextre un lis au
naturel.

10. — L'abbaye de Notre-Dame de Nioyseau : d'or à une Notre-
Dame de douleurs de carnation, vêtue de sable ; son
voile d'azur, bordé d'or ; son cœur de gueules percé
de sept épées d'azur, les gardes et les poignées d'or ;
et posée sur une terrasse de sinople.

11. — L'abbaye de Notre-Dame de La Charité du Ronceray
d'Angers, ordre de Saint-Benoît : d'azur à une vierge
assise tenant son enfant Jésus et accostée en pointe de
deux enfants, afrontés, à genoux et les mains jointes ;
le tout d'or.

12. — Le couvent du Calvaire d'Angers : d'azur à une vierge
ayant les mains jointes d'or, appuyée contre une croix
du calvaire d'argent ; le tout sur une terrasse de même.

13. — Le couvent des religieuses de Sainte-Elisabeth de Saint-
Florent-le-Vieil, ordre de Saint-François : d'azur à une
sainte Elisabeth à my-corps, vêtue en religieuse, couronnée d'une couronne à l'antique, ayant la main

dextre étendue et portant sur sa senestre un livre supportant deux couronnes l'une sur l'autre ; le tout d'or.

SAUMUR.

1. — Le couvent des religieuses de la visitation Sainte-Marie
de Saumur : d'or à un cœur de gueules, percé de
deux flèches d'or, empennées d'argent, passées en
sautoir au travers du cœur qui est chargé d'un *Jésus
Maria*, aussi d'or, la croix de sable montant au-dessus
du cœur ; le tout entouré d'une couronne d'épines de
sinople, les épines ensanglantées de gueules.

2. — La communauté des religieuses de la Fidélité de Saumur : d'azur à une vierge portant entre ses bras
l'enfant Jésus d'argent, soutenue d'un croissant de
même, et entourée de rayons d'or.

3. — La communauté des religieuses Ursulines de Saumur :
d'azur à trois lis d'or, mouvants d'une seule tige, feuillée
de sinople, laquelle sort du milieu d'un buisson d'épines
au naturel avec ces paroles autour : lilium inter spinas.

4. — La communauté des religieuses de Notre-Dame des
Loges, ordre de Fontevrault : d'argent à une Notre-
Dame au naturel, vêtue de gueules et d'azur, diademée
d'or, posée sur un terrain de sinople, tenant l'enfant Jésus
aussi au naturel, ayant une couronne d'or sur sa tête.

5. — L'abbaye de Fontevrault, chef d'ordre : fascé, ondé,
enté de gueules et d'argent.

6. — La communauté des religieux et religieuses de l'abbaye
de Fontevrault : d'argent à un crucifix accosté à dextre
d'une sainte vierge et à senestre d'un saint Jean ; le
tout au naturel, sur un terrain de même.

BAUGÉ.

1. — Le couvent des religieuses hospitalières de la ville de
Baugé : de gueules à une fasce d'or, écartelé d'or à
une bande de gueules.

MONTREUIL-BELLAY.

1. — Les religieuses de Chollet, de l'ordre de Saint-François ; de sable à un saint François d'or.

2. — Les religieuses Cordelières de Vesins : de gueules à un saint Joseph de carnation, vêtu d'or, tenant en sa main dextre un lis au naturel.

3. — Les religieuses Cordelières de la ville du Puy-Notre-Dame : d'azur à un saint Joseph d'or, tenant en sa main dextre un livre au naturel.

LA FLÈCHE.

1. — Le couvent des religieuses de la Visitation Sainte-Marie de la Flèche : d'or à un cœur de gueules, sommé d'une croix de sable, au pied fiché dans l'oreille du cœur qui est percé de deux flèches d'or, empennées d'argent, passées en sautoir, au travers du cœur chargé d'un nom de Jésus et de Marie d'or ; le tout enfermé dans une couronne d'épines de sinople, les épines ensanglantées de gueules.

2. — Le couvent des religieuses de Notre-Dame de la ville de La Flèche : d'argent à un cœur de sinople, couronné de gueules.

3. — Le couvent des religieuses du petit Fontevrault de la ville de La Flèche : d'or à un soleil de gueules et un chef d'azur chargé de trois fleurs de lys d'argent.

4. — Le couvent de religieuses de Saint-François de la ville de La Flèche : d'argent à une croix alaisée d'azur et un chef de gueules chargé de deux étoiles d'or.

5. — Le couvent des religieuses de Saint-François de Noyen : d'azur à un cordon lié et noué par les extrémités, d'argent, ou proprement un cordon de saint François.

6. — Le couvent des religieuses de Saint-François de la ville de Sablé : de gueules à un cordon de saint François de même que le précédent d'argent.

CHATEAUGONTIER.

1. — Le couvent des Ursulines du faubourg d'Azé de la ville de Châteaugontier : d'argent à un lis de gueules, tigé et feuillé de même.

2. — Le couvent des religieuses de Buron, ordre de Saint-François, de la ville de Châteaugontier : d'azur à une assomption de la sainte Vierge d'or, avec ces mots autour : Nostre-Dame de Buron.

3. — Le couvent des religieuses hospitalières de la ville de Châteaugontier : d'or à une croix recroisetée de gueules.

CHAPITRE DEUXIÈME.

I.

VILLES DE L'ANJOU.

1. — La ville d'Angers : de gueules à trois tours crenelées d'argent, posées deux en chef et une en pointe.

2. — La ville de Beaufort-en-Vallée : de sinople à un lion d'argent, armé, lampassé et couronné de gueules.

3. — La ville de Beaupreau : d'or à une bande d'azur ; écartelé d'azur à une bande d'or.

4. — La ville de Candé : d'argent à une barre de gueules ; écartelé de gueules à un pal d'argent.

5. — La ville de Chemillé : d'or à une barre de gueules ; écartelé de gueules à une barre d'or.

6. — La ville de Chollet : d'azur à une croix d'argent, frettée de gueules.

7. — La ville de Craon : de gueules à un sautoir d'argent.

8. — La ville de Doué : d'azur à un grand D d'or, enfermant une fleur de lys d'argent.

9. — La ville de Durtal : de gueules à un pal d'or ; écartelé d'or, à une barre de gueules.

10. — La ville d'Ingrandes : d'argent à un pal de sinople ; écartelé de sinople à un pal d'argent.

11. — La ville de La Flèche : de sinople à une bande d'or ; écartelé d'or à un pal de sinople.

12. — La ville du Lion-d'Angers : d'or à une fasce de sable ; écartelé de sable à un pal d'or.

13. — La ville du Lude : d'azur à un pal d'argent ; écartelé d'argent à un pal d'azur.

14. — La ville de Montsoreau, en Anjou : d'or à une croix de gueules et un chef d'azur chargé de trois fleurs de lys d'argent.

15. — La ville de Montreuil-Bellay : d'azur à une croix d'or, cantonnée de quatre besans de même.

16. — La ville des Ponts-de-Cé : de sinople à un pal d'argent, écartelé d'argent à une bande de sinople.

17. — La ville de Pouancé : d'or à un pal de sinople ; écartelé de sinople à une barre d'or.

18. — La ville du Puy-Notre-Dame : d'or à une Notre-Dame de carnation, vêtue d'azur et de gueules, tenant entre ses bras l'enfant Jésus de carnation.

19. — La ville de Sablé : d'argent à une tour de sable.

20. — La ville de Saint-Florent-le-Vieil : de sable à une fasce d'argent, écartelé d'argent à une barre de sable.

21. — La ville de Saumur : coupé d'azur sur gueules, à une fasce d'argent brochant sur le tout, crenelée de deux creneaux de même, maçonnée de sable et accompagnée en chef de trois fleurs de lys d'or rangées et en pointe de la lettre S aussi d'or.

22. — La ville de Segré : d'argent à une bande d'azur, écartelé d'azur à un pal d'argent.

23. — La ville de Vaas : de gueules à une fasce d'argent, écartelé d'argent à un pal de gueules.

24. — Le comté de la Varenne : d'azur à une flèche d'or, posée en pal et accostée de six lapins passant l'un sur l'autre d'argent, trois de chaque côté.

25. — La ville de Vihiers : lozangé d'or et de gueules.

II.

JURIDICTIONS DIVERSES DE L'ANJOU.

ANGERS.

1. — La province et le gouvernement de l'Anjou : de gueules à une barre d'argent, écartelé d'argent à une bande de gueules.

2. — La Maréchaussée d'Anjou : de gueules à une massue d'or, posée en pal.

3. — Le corps de la ville d'Angers : de gueules à une clef d'argent, posée en pal et un chef d'azur à trois fleurs de lys d'or.

4. — L'université d'Angers : de gueules à un ange debout, le vol abaissé d'or, tenant devant soi un livre ouvert d'azur, chargé des deux noms Jésus Maria abrégés, en lettres d'or.

5. — La compagnie du présidial et sénéchaussée d'Anjou : d'azur à trois fleurs de lys d'or, posées deux et une.

6. — Le corps des officiers de l'élection d'Angers : d'azur à trois fleurs de lys d'or, posées deux et une.

7. — La communauté des avocats et procureurs au présidial, sénéchaussée et autres juridictions royales de la ville d'Angers : d'or à un Saint-Yves de carnation, vêtu d'une robe de palais de sable, tenant en sa main dextre un papier plié d'argent et en sa senestre un sac de sable, avec son étiquette d'argent.

8. — La communauté des notaires royaux d'Angers : d'argent à un Saint-Yves de carnation, vêtu d'une robe de palais de sable, tenant en sa main dextre un sac de même, avec son étiquette d'argent.

9. — La communauté des sergents royaux d'Angers : d'argent à trois écritoires de sable, posées deux et un.

10. — Le corps des juges et gardes des marchands de la ville d'Angers : d'azur à trois fleurs de lys d'or, deux et une.

11. — Le corps des officiers du siège royal de Beaufort : d'or à une fasce de sable, chargée de trois coquilles d'argent.

12. — La compagnie des officiers de la gruerie de Beaufort-en-Vallée : d'azur à trois fleurs de lys d'or, deux et une.

13. — La communauté des avocats du siège royal de Beaufort-en-Vallée : d'or à un Saint-Yves de carnation, vêtu d'une robe de palais de sable, tenant en sa main dextre un papier plié d'argent.

14. — La communauté des notaires royaux de Beaufort-en-Vallée : de sable à trois mains de carnation, chacune tenant une plume à écrire d'argent et posées deux et une.

15. — La communauté des sergents royaux de la ville de Beaufort : de sable à trois plumes à écrire d'argent, deux et une.

16. — La prévôté de Saint-Laurent-du-Mottay : d'azur à une bande d'or accostée de deux colombes d'argent, bequées et membrées de gueules et une bordure dentelée de même.

17. — Le corps des officiers du grenier à sel d'Angers : d'azur à trois fleurs de lys d'or, deux et une.

18. — Le corps des officiers du grenier à sel de Candé : idem.

19. — La compagnie du grenier à sel d'Ingrandes : idem.

20. — La compagnie du grenier à sel de Saint-Florent-le-Vieil : idem.

21. — La compagnie de officiers du grenier à sel de Beaufort-en-Vallée : idem.

22. — Le corps des officiers du grenier à sel de Pouancé : idem.

23. — Le corps des officiers du passage et mesurage à sel d'Ingrandes, transféré à la pointe du Razebourg : idem.

SAUMUR.

1. — Le corps des officiers de l'Hôtel-de-ville de Saumur : d'azur à une porte de ville d'argent, surmontée de trois fleurs de lys d'or.

2. — Le corps des officiers de la maréchaussée de Saumur : d'argent à deux bâtons royaux de gueules, passés en sautoir.

3. — Le corps des officiers de l'élection de Saumur : d'azur à trois fleurs de lys d'or, posées deux et une.

4. — Le corps des officiers de la sénéchaussée de Saumur : d'azur à trois fleurs de lys d'or et la lettre S d'argent, posée en cœur.

5. — Le corps du siége de la prévôté de Saumur : d'azur à trois trèfles d'or, posés deux et un et une fleur de lys de même en cœur.

6. — La communauté des avocats et procureurs aux siéges royaux de Saumur : d'argent à un Saint-Yves de carnation, vêtu d'une robe de palais de sable, tenant en sa main un papier plié d'argent.

7. — La communauté des notaires royaux de Saumur : d'azur à trois mains d'argent, tenant chacune une plume à écrire d'or et posées deux et une.

8. — Le corps des officiers de la justice ordinaire de Bourgueil : d'argent à une fasce de gueules, chargée d'une fleur de lys d'or et accompagnée de trois coquilles de sable, deux en chef et une en pointe.

9. — La communauté des notaires et procureurs de la ville de Doué : d'azur à trois mains de carnation, chacune tenant une plume à écrire d'or, deux et une.

10. — Le corps des officiers du grénier à sel de Bourgueil : d'azur à trois fleurs de lys d'or, deux et une.

11. — Le corps des officiers du grénier à sel de Saumur : idem.

12. — Le corps des officiers du grenier à sel de Saint-Rémy-
la-Varenne : idem.

BAUGÉ.

1. — Le corps des officiers de la maîtrise des eaux et forêts
de Baugé : d'azur à une barre d'argent, écartelé
d'argent à une barre d'azur.
2. — Le corps des officiers du grenier à sel de la ville de
Baugé : d'or à un pal d'azur, écartelé d'azur à une
fasce d'or.
3. — Le corps des officiers du bailliage de la ville du Lude :
d'azur à une balance d'argent.
4. — Le corps des officiers du grenier à sel du Lude : d'argent
à une clef de sable, posée en pal.

MONTREUIL-BELLAY.

1. — Le corps des officiers de l'élection de Montreuil-Bellay :
de sinople à une main de justice d'or, et au-dessus un
œil d'argent.
2. — La communauté des procureurs de l'élection de Montreuil-Bellay : d'or à une fasce de gueules, chargée de
trois écritoires d'argent.
3. — Le corps des officiers de la justice ordinaire de Chollet :
de gueules à trois barres d'argent et un chef d'or,
chargé d'une fleur de lys d'azur.
4. — Le corps des officiers du grenier à sel de Chollet : de
sable à une croix ancrée d'argent et une bordure de
même, chargée de huit coquilles de gueules.

LA FLÈCHE.

1. — Le corps des officiers de l'Hôtel-de-Ville de La Flèche :
de gueules à une flèche d'argent, posée en pal ; la
pointe en haut, accostée de deux tours crenelées

chacune de quatre pièces aussi d'argent et un chef d'azur chargé de trois fleurs de lys d'or et soutenu d'or.

2. — Le corps des officiers du bailliage de La Flèche : d'argent à un chevron de gueules et un chef de sable, chargé de trois flèches d'argent;

3. — La communauté des avocats et procureurs de l'élection de La Flèche : d'argent à une robe de sable et un chef d'azur, chargé d'une fleur de lys d'or;

4. — La communauté des notaires de la Flèche : d'azur à une foy d'argent, qui est deux mains se tenant ensemble.

5. — La communauté des avocats de la ville de la Flèche : taillé, tranché d'argent et de sable à un bonnet carré de l'un en l'autre.

6. — Le corps des officiers de la maréchaussée de la Flèche : d'azur à deux mousquetons d'argent, passés en sautoir.

7. — Le corps des officiers de la justice ordinaire de la ville de Duretal : de gueule à une fasce d'argent, chargée de trois fleurs de lys d'azur et accompagnées de trois merlettes d'argent, deux en chef et une en pointe.

8. — La communauté des avocats de la ville de Duretal : coupé d'argent et de sable, à un bonnet carré en cœur, de l'un en l'autre.

9. — La communauté des notaires de Duretal : de sable à trois plumes d'or et un chef d'argent, chargé de trois rats de sable.

10. — La communauté des huissiers et sergents de la ville de Duretal : d'azur à une tête d'argent, ayant une plume de sable, passée dans les cheveux du dessus de l'oreille.

11. — La communauté des avocats de la justice de Sablé : d'argent à un bonnet carré de sable houppé d'or.

12. — La communauté des notaires de la ville de Sablé : de gueules à une écritoire d'or, accompagnée de trois bisauts d'argent, deux en chef et un en pointe.

13. — Le corps des officiers du grenier à sel de la ville de la

Flèche : de gueules à un minot d'or, couronné de
même.

CHATEAUGONTIER.

1. — Le présidial de Châteaugontier : d'azur à trois fleurs de
lys d'or, posées deux et un.

2. — Le corps des officiers de l'élection de Châteaugontier :
d'argent à une palme d'azur, couchée en fasce, de
dextre à senestre, avec ces mots autour : Curvata
resurget.

3. — La communauté des notaires de Châteaugontier : d'azur
à deux plumes à écrire d'argent, passées en sautoir et
un chef de france.

4. — La communauté des avocats de Craon : de gueules à
trois fasces ondées d'or.

5. — Le corps des officiers du grenier à sel de Châteaugontier : d'azur à deux pelles d'or, passées en sautoir.

6. — La communauté des notaires de Craon : d'azur à une
écritoire d'or.

7. — Le corps des officiers du grenier à sel de Craon : d'azur
à deux pelles d'or, posées en pal.

8. — François Drouard, conseiller du roi, président du grenier à sel de Craon : d'or à une fasce d'azur, chargée
de trois besants d'or.

III.

CORPS DE MÉTIERS ET D'ÉTATS.

ANGERS.

1. — La communauté des maîtres tailleurs d'habits de la ville
d'Angers : d'azur à une Sainte-Trinité ; le fils à la
dextre du père et tous les deux assis d'or, le Saint-
Esprit en chef en forma de colombe d'argent.

2. — La communauté des maîtres bouchers et rôtisseurs de la ville d'Angers et de la petite boucherie : d'azur à un saint Jean-Baptiste avec son agneau, le tout d'argent.

3. — La communauté des maîtres cordiers de la ville d'Angers : de gueules à un saint Paul de carnation, vêtu d'or et d'argent, adextré d'un paquet de corde d'or et senestré d'un mandre de même posé en pal.

4. — La communauté des maîtres serruriers de la ville d'Angers : d'azur à un saint Pierre d'or, tenant en sa main deux clefs, l'une d'or et l'autre d'argent.

5. — La communauté des maîtres corroyeurs en cuir de la ville d'Angers : de sable à un saint Simon, apôtre, d'or, tenant en sa main dextre un couteau d'argent.

6. — La communauté des bonnetiers et bastiers en laine de la ville d'Angers : de gueules à une sainte Barbe d'argent.

7. — La communauté des maîtres vinaigriers, brûleurs, bustiers et moutardiers de la ville d'Angers : d'azur à un saint Vincent, martyr, vêtu en diacre, tenant en sa main dextre un marteau et en sa senestre une grappe de raisin, le tout d'or.

8. — La communauté des maîtres apothicaires, épiciers de la ville d'Angers : de sinople à un saint Nicolas, évêque, adextré en pointe des trois enfants, dans un baquet, le tout d'or.

9. — La communauté des meuniers et fariniers de la ville d'Angers : d'azur à un saint Clément, vêtu en évêque d'or.

10. — La communauté des maîtres terrassiers, carreleurs, blanchisseurs de la ville d'Angers : d'azur à une ascension d'argent.

11. — La communauté des maîtres cordonniers de la ville d'Angers : d'azur à une sainte Vierge d'argent senestrée d'un saint Crépin de carnation, vêtu d'or.

12. — La communauté des maîtres menuisiers de la ville d'Angers : d'azur à une sainte Anne, assise, ayant à sa senestre la sainte Vierge, debout, le tout d'or.

13. — La communauté des filassiers de la ville d'Angers : de gueules à un nom de Jésus d'argent.

14. — La communauté des maîtres bourreliers bastiers de la ville d'Angers : d'azur à un saint Eloi, évêque, vêtu pontificalement d'or, tenant en sa main dextre un marteau d'argent et en sa senestre sa crosse d'or.

15. — La communauté des maîtres pâtissiers rôtisseurs de la ville, quinte et banlieue de la ville d'Angers : d'argent à un saint Michel, de carnation, vêtu de gueules et d'or, terrassant le diable, et surmonté d'un écusson d'azur chargé de trois fleurs de lys d'or, deux en chef et une en pointe, accosté de deux petits pâtés de gueules.

16. — La communauté des maîtres maçons architectes de la ville et quinte d'Angers : d'azur à un temple couvert en dôme d'or, accosté de deux grandes tours carrées de même et sur ce dôme un christ de carnation, vêtu d'argent, tenant sa croix de même, le pied dextre levé comme montant au ciel.

17. — La communauté des maîtres tourneurs de la ville d'Angers : d'azur à un nom de Jésus d'or.

18. — La communauté des horlogers de la ville d'Angers : d'azur à une pendule d'or accostée de deux montres d'argent suspendues.chacune par une chaînette d'or.

19. — La communauté des taillandiers maréchaux en œuvre blanche de la ville d'Angers : de gueules à un saint Eloy, vêtu en évêque, crossé et mitré, le tout d'or.

20. — La communauté des marchands faiseurs de chandelles, potiers de terre de la ville d'Angers : d'azur à une sainte Geneviève, de carnation, vêtue d'argent, tenant en sa main dextre un cierge de même allumé de gueules.

21. — La communauté des maîtres charrons de la ville d'Angers : d'argent à une sainte Catherine, de carnation, vêtue de gueules et d'azur, tenant de sa main dextre une palme d'or et appuyant sa senestre sur une roue de même garnie de fers de rasoirs de sable.

22. — La communauté des hôteliers et cabaretiers de la ville

3

d'Angers : d'azur à un saint Hubert, vêtu en chasseur,
à genoux auprès de son cheval, arrêté devant un cerf
contourné, le tout d'or.

23. — La communauté des maîtres chirurgiens de la ville et
faubourgs d'Angers et dépendances : d'argent à un
saint Cosme et un saint Damien, de carnation, vêtus
en robes de sable, avec des bonnets de même fourrés
d'hermines.

24. — La communauté des teinturiers de la ville d'Angers :
d'azur à un saint Maurice, à cheval, tenant un guidon
d'argent, chargé d'une croix de gueules.

25. — La communauté des maîtres boulangers de la ville d'Angers : d'azur à un saint Honoré, évêque, vêtu pontificalement, crossé et mitré d'or.

26. — La communauté des peigneurs et cardeurs de la ville
d'Angers : d'argent à un saint Blaise, de carnation,
vêtu pontificalement de gueules, crossé et mitré
d'or.

27. — La communauté des maîtres tonneliers de la ville d'Angers : de sable à un tonneau d'argent, sur son cul
surmonté d'un maillet d'or.

28. — La communauté des maîtres arquebuziers de la ville
d'Angers : d'argent à deux pistolets de gueules passés
en sautoir.

29. — La communauté des maîtres couteliers de la ville d'Angers : de sable à une roue à aiguiser d'argent, accompagnée en chef d'un rasoir à dextre de même, emmanchée d'or et d'une paire de ciseaux à senestre aussi
d'argent.

30. — La communauté des maîtres fourbisseurs d'épées de la
ville d'Angers : d'azur à trois épées d'argent, posées
en pal et en sautoir.

31. — La communauté des maîtres potiers d'étain de la ville
d'Angers : de sable à trois pots d'étain d'argent, deux
en chef et un en pointe.

32. — La communauté des maîtres bouchers de la grande

boucherie d'Angers : d'or à une rencontre de bœuf de gueules, surmontée d'un couperet d'azur.

33. — La communauté des maîtres chapeliers fouleurs de chapeaux de la ville d'Angers : d'argent à trois chapeaux de sable, deux en chef et un en pointe.

34. — La communauté des maîtres sargers, drapiers, teinturiers de la ville d'Angers : de sinople à une aune d'argent, marquée de sable, posée en fasce.

35. — La communauté des maîtres couvreurs d'ardoise d'Angers : d'azur à une truelle d'or, accostée de deux échelles d'argent, posées en pal.

36. — La communauté des marchands maîtres tanneurs de la ville d'Angers : de sable à deux couteaux de tanneurs d'argent, emmanchés d'or, passés en sautoir.

37. — La communauté des maîtres mégissiers et gantiers d'Angers : de gueules à une toison d'argent étendue et posée en pal.

38. — La communauté des maîtres fripiers revendeurs, maîtres tailleurs d'habits d'Angers : échiqueté d'argent et de gueules à des ciseaux d'or, ouverts en sautoir, brochant sur le tout.

39. — La communauté des maîtres charpentiers de la ville d'Angers : d'azur à une hache couchée en fasce d'argent, surmontée d'un maillet d'or.

40. — La communauté des marchands de toile, faiseurs de guêtres, lingeries et blanchisseurs de toile de la ville d'Angers : d'azur à deux fasces d'argent et des ciseaux d'or ouverts en sautoir, brochant sur le tout.

41. — La communauté des maîtres brodeurs de la ville d'Angers : d'argent à une fasce d'azur diaprée brodée d'or.

42. — La communauté des maîtres selliers d'Angers : d'azur à une selle d'argent enrichie d'or.

43. — La communauté des maîtres carreleurs en cuir de la ville d'Angers : de gueules à une alène d'argent, emmanchée d'or, posée en pal.

44. — La communauté des libraires, imprimeurs de la ville

d'Angers : d'azur à un livre d'or, fermé, accompagné de trois fleurs de lys de même, deux aux flancs et une en pointe.

45. — La communauté des ciriers de la ville d'Angers : de gueules à trois cierges d'argent pendants et enfilés d'une baguette d'or.

46. — La communauté des marchands de blé de la ville d'Angers : de sinople à trois boisseaux d'argent, deux en chef et un en pointe, et une gerbe d'or posée en cœur.

47. — La communauté des maîtres barbiers, perruquiers, étuvistes de la ville d'Angers : d'azur à trois bassins à barbe d'or, posés deux et un.

48. — La communauté des maîtres orfèvres de la ville d'Angers : d'azur à une croix d'or, cantonnée aux 1er et 4e d'une couronne royale de même, aux 2e et 3e d'une coupe couverte d'argent.

49. — La communauté des poëliers, fondeurs de la ville d'Angers : d'azur à une poële d'argent, posée en fasce haussée, soutenue d'un chaudron d'or.

50. — La communauté des vitriers de la ville d'Angers : lozangé d'argent et d'azur à deux burèles de sable, brochantes sur le tout, l'une en chef et l'autre en pointe.

51. — La communauté des maîtres maréchaux-ferrants de la ville d'Angers : de gueules à une butte de sable posée en pal, accostée de deux fers de cheval de même.

52. — La communauté des marchands de bois de la ville d'Angers : d'argent à un bûcher de sable enflammé de gueules.

53. — La communauté des maîtres Tessiers de la ville d'Angers et faubourgs : de sinople à une navette d'or, posée en pal.

54. — La communauté des marchands de vins en gros de la ville d'Angers : d'argent à trois barils de gueules, posés deux et un.

55. — La communauté des maîtres voituriers bateliers de la ville d'Angers : d'azur à un bateau d'argent garni de quatre rames d'or, voguant sur une mer d'argent.

56. - - La communauté des marchands pelletiers manchonniers de la ville d'Angers : d'hermines à un chou de sable, posé en fasce, brochant sur le tour.

57. — La communauté des marchands de draps de la ville d'Angers : d'azur à une aune d'argent, marquée de sable, posée en pal.

58. — La communauté des marchands de draps de soye d'Angers : de gueules à une aune d'argent, marquée d'azur, posée en fasce.

59. — La communauté des marchands droguistes épiciers d'Angers : d'azur à des balances d'or, accompagnées en pointe d'un bouquet de différentes fleurs au naturel.

SAUMUR.

1. — La communauté des maîtres tailleurs d'habits de Saumur : d'azur à une Trinité au naturel, vêtue d'or et d'argent, entourée d'une gloire d'or supportée par un nuage au naturel, avec ces paroles autour : sceau des maîtres tailleurs d'habits de Saumur.

2. — La communauté des maîtres pâtissers, rôtisseurs, poulaillers de la ville de Saumur : d'argent à un saint Michel de carnation, vêtu à la romaine d'azur, de sinople et d'or, sa main dextre levée, armée d'un cimetère de gueules prêt à frapper un diable de sable, qu'il foule aux pieds dans un feu de gueules.

3. — La communauté des merciers, grossiers, joalliers, quincailleurs, ferrans de Saumur : d'argent à un saint Louis de carnation, habillé de pourpre, d'azur et d'hermines ; l'azur semé de fleurs de lys d'or, couronné d'une couronne royale aussi d'or, diademé de même, tenant de sa main dextre une couronne d'épines et trois clous de la passion au naturel et de sa senestre un sceptre d'or, sur un terrain de sinople.

4. — La communauté des maîtres cordonniers de la ville de Saumur : d'argent à un saint-Crépin de carnation,

habillé de gueules et d'azur, tenant en sa main senestre
une palme de sinople, sur un terrain de même.

5. — La communauté des maîtres menuisiers de Saumur :
d'azur à une sainte Anne contournée de carnation,
vêtue d'or, assise sur un siége d'argent, tenant un
livre de même sur ses genoux, et ayant devant elle la
sainte Vierge debout de carnation, et vêtue d'or, lisant
dans ce livre, le tout sur un terrain de sinople.

6. — La communauté des selliers bourreliers de Saumur : de
sable à un saint Eloi, vêtu pontificalement, tenant sa
crosse de sa main senestre, le tout d'argent et tenant
dans sa main dextre un marteau d'or.

7. — La communauté des fondeurs de la ville de Saumur :
d'azur à un saint Hubert de carnation, vêtu d'argent,
la tête entourée de rayons d'or, à genoux, les mains
jointes, devant un cerf arrêté au naturel, mouvant du
flanc senestre et ayant sur sa tête un crucifix d'or
entouré de rayons de même ; le saint ayant à son côté
senestre un cor de chasse d'or, lié et suspendu de gueules
et un lévrier couché au naturel accolé et bouclé d'or,
la tête contournée, le tout sur une terrasse de sinople.

8. — La communauté des maîtres tonneliers empilleurs de la
ville de Saumur : d'azur à un tonneau d'or, posé sur
son cul, adextré d'une jauge d'argent marquée de
sable, posée en pal, et senestré d'une chaine de tonnelier aussi d'argent et posée en pal.

9. — La communauté des maîtres barbiers, baigneurs,
étuvistes et perruquiers de la ville de Saumur : d'azur
à une fontaine d'or jaillissant son eau d'argent dans
trois bassins, les deux premiers ronds et le dernier
carré, sur une terrasse de sinople.

10. — La communauté des maîtres serruriers de la ville de
Saumur : d'azur à deux clefs d'argent liées ensemble
par un anneau avec un ruban d'or tenu suspendu
par une main dextre de carnation, sortant d'une nuée
d'argent, mouvante du haut du flanc senestre.

11. — La communauté des hôteliers, aubergistes et traiteurs de la ville de Saumur : d'azur à une étoile rayonnante d'argent.

12. — La communauté des maîtres bouchers de la ville de Saumur : de gueules à un bœuf au naturel, passant sur une terrasse de sinople, orné de fleurs d'or et d'argent, avec ses deux cornes autour de son col et sur son dos.

13. — La communauté des marchands poêliers et bottiers de la ville de Saumur : d'azur à un encensoir d'or tenu suspendu par une main dextre d'argent, sortant en pal d'un nuage de même, mouvant du chef.

14. — La communauté des maîtres boulangers de la ville de Saumur : de gueules à un saint Honoré de carnation, habillé d'argent, chappé, mitré et crossé d'or, tenant de sa main senestre une pelle renversée de sable, emmanchée d'argent, chargée de trois pains d'or mal ordonnés.

15. — La communauté des maîtres maréchaux ferrants de la ville de Saumur : de sable à un saint Eloy de carnation, vêtu d'argent, sa chappe, sa mitre et sa crosse d'or, ayant en la main dextre un brochoir de même.

16. — La communauté des marchands droguistes, épiciers, de la ville de Saumur : d'azur à une fortune au naturel, s'appuyant d'un pied sur une boulle d'or et supportée par une roue de gueules, voguant sur une mer d'argent, tenant en sa main dextre une écharpe de même et de sa senestre une corne d'abondance d'or.

17. — La communauté des couvreurs en ardoises de la ville de Saumur : d'argent à un impérial couvert d'écailles d'azur et les arrestiers d'or, surmonté d'un petit amour, tenant dans sa main dextre un marteau de couvreur et appuyant sa senestre sur un arc, le tout d'or.

18. — La communauté des maçons de la ville de Saumur : d'azur à une règle et une équerre, passées en sautoir,

un compas ouvert en chevron, un plomb pendant en pal, le tout d'or, entrelassé et lié l'un avec l'autre par un serpent de même tortillé parmi toutes ces pièces au-dessus desquelles il lève sa tête.

19. — La communauté des maîtres chapeliers de Saumur : d'argent à un chapeau de sable bordé d'or, accompagné de trois étoiles d'azur, deux en chef et une en pointe.

20. — La communauté des orfèvres de la ville de Saumur : de gueules à une croix engrelée, cautonnée aux 1er et 4e d'un ciboire, aux 2e et 3e d'une couronne, le tout d'or.

21. — La communauté des marchands de draps de soie, laines et merceries mêlés de la ville de Saumur : d'azur à un navire équipé d'or, surmonté de la lettre S, accostée de deux étoiles de même.

22. — La communauté des maîtres chirurgiens de la ville de Saumur : d'azur à un sceptre d'or sommé d'une main dextre apaumée de même, chargée d'un œil au naturel ; le sceptre adextré d'une lancette d'argent, clouée d'or et senestrée d'un vase aussi d'argent.

23. — La communauté des maîtres taillandiers, faiseurs de limes de la ville et faubourgs de Saumur : coupé au 1er de sable à une cognée de charron d'argent posée en fasce, soutenue d'une doloire de tonnelier de même, posée en pal, et au 2e d'argent à deux limes de sable posées en sautoir.

24. — La communauté des lapidaires, enchasseurs en cuivre et émailleurs de la ville de Saumur : coupé au 1er d'azur à une étoile d'argent, au 2e d'argent à une bague de sable, le chaton en haut et autour ces mots : SCEAV DES LAPIDAIRES ET BAGVENAVDIERS DE SAVMVR.

25. — La communauté des peintres, horlogers, vitriers et carreleurs de la ville et banlieue de Saumur : party au 1er d'azur à une fleur de lys d'argent, accompagnée de trois écussons de même, deux en chef et un en

pointe ; au 2º d'argent à trois carreaux de gueules, posés deux en chef et un en pointe.

26. — La communauté des maîtres charpentiers et tourneurs de la ville et faubourgs de Saumur : party au 1er d'azur à une charpente de dôme d'argent, accompagnée en chef d'un compas d'or en pal à dextre et d'une équerre de même à senestre, et en pointe d'une besague aussi d'or couchée en fasce et au 2º de sable à un lustre ou chandelier à huit branches d'or.

27. — La communauté des marchands de bois et charbon de la ville de Saumur : d'argent coupé par un trait de sable au 1er à une buche de sinople en pal, accostée de deux fagots de même et au 2e trois poches de charbon de sable couvertes de genets de sinople, aussi rangées en pal.

28. — La communauté des marchands faienciers de la ville et faubourgs de Saumur : de gueules à une urne d'argent diaprée d'azur, surmontée de deux lacrimoires aussi d'argent et diaprées d'azur, rangées en chef.

29 — La communauté des maîtres serjettiers, bonnetiers et teinturiers de Saumur : d'azur à un peigne de cardeur, le manche en bande et une carde, le manche en barre ; ces deux pièces d'argent posées en chef et des forces aussi d'argent et une navette de même en pal posées en pointe.

30. — La communauté des tanneurs, corroyeurs et mégissiers de Saumur : de sable à deux couteaux de tanneur d'argent, emmanchés d'or, posés en sautoir.

31. — La communauté des potiers d'étaim de Saumur : de sable à trois pots d'étaim au naturel, posés deux et un.

32. — La communauté des médecins, chirurgiens et apothicaires de la ville de Doué : d'argent à un saint Cosme et un saint Damien de carnation, vêtus de gueules, fourrés d'hermines.

33. — Les médecins en corps et la communauté des apothicaires joints de la ville de Saumur : d'or à un saint

Cosme et un saint Damien de carnation, vêtus en robes longues de sable, fourées d'hermines.

34. — La communauté des tanneurs, mégissiers et corroyeurs de la ville de Doué : de sable à deux couteaux de tanneur d'argent, emmanchés de sable, passés en sautoir.

35. — La communauté des bouchers de la ville de Doué : de gueules à une rencontre de bœuf d'or, surmontée d'un couperet d'argent.

36. — La communauté des hôteliers et cabaretiers de Doué : d'azur à trois barils d'argent, cerclés d'or, posés deux et un.

BAUGÉ.

1. — La communauté des maîtres sergers de la ville du Lude : d'argent à une navette de sable posée en fasce.

2. — La communauté des boulangers de la ville du Lude : d'argent à une pelle de four de gueules posée en pal.

3. — La communauté des barbiers, baigneurs, étuvistes et perruquiers de la ville du Lude : de sable à des ciseaux fermés d'or, péris en bande.

4. — La communauté des cordonniers de la ville du Lude : de sable à un couteau à pied d'argent.

5. — La communauté des charpentiers de la ville du Lude : de gueules à une doloire d'argent.

6. — La communauté des marchands merciers de la ville du Lude : de sinople à une aune d'argent, posée en fasce et marquée de sable.

7. — La communauté des tailleurs d'habits de la ville du Lude : d'argent à des ciseaux ouverts de sable.

8. — La communauté des bouchers de la ville du Lude : d'argent à une cheville de sable.

9. — La communauté des maçons, tailleurs de pierres de la ville du Lude : de sable à une truelle d'argent.

10. — La communauté des maréchaux de la ville du Lude : de gueules à un soufflet d'argent.

11. — La communauté des corroyeurs de la ville du Lude :
d'azur à un couteau à revers d'or, posé en bande.

12 — La communauté des maîtres chirurgiens et apothicaires
de la ville du Lude : de sinople à une fasce d'argent,
écartelé d'argent à une barre de sinople.

13. — La communauté des tanneurs de la ville du Lude : de
sable à une barre d'argent ; écartelé d'argent à une
barre de sable.

14. — La communauté des médecins, chirurgiens et apothicaires de la ville de Baugé : d'or à une fasce de
gueules, écartelé de gueules ; à une bande d'or.

15. — La communauté des marchands de soie, drapiers et
merciers de la ville de Baugé : d'azur à un pal d'or ;
écartelé d'or à une barre d'azur.

16. — La communauté des teinturiers, chapeliers, chandeliers,
selliers, bottiers et bourreliers de la ville de Baugé :
d'azur à une fasce d'argent; écartelé d'argent à un pal
d'azur.

17. — La communauté des tanneurs, mégissiers, corroyeurs,
cordonniers et savetiers de la ville de Baugé : de
gueules à une barre d'argent; écartelé d'argent à un
pal de gueules.

18. — La communauté des bouchers, boulangers, pâtissiers,
poulaillers, hôteliers et cabaretiers de la ville de
Baugé : de sinople à un sautoir d'argent.

19. — La communauté des tessiers, sergetiers et tailleurs de
la ville de Baugé : de sable à une fasce d'or; écartelé
d'or à une fasce de sable.

20. — La communauté des serruriers, cloutiers, couteliers,
taillandiers, arquebusiers et maréchaux de la ville de
Baugé : de sable à une bande d'argent; écartelé d'argent à une fasce de sable.

21. — La communauté des menuisiers, charrons, charpentiers
et couvreurs de la ville de Baugé : d'or à une barre
d'azur, écartelé d'azur ; à une fasce d'or.

22. — La communauté des maçons, tonneliers et huiliers de la

ville de Baugé : d'argent à un pal de gueules ; écartelé de gueules à une bande d'argent.

MONTREUIL-BELLAY.

LA FLÉCHE.

1. — La communauté des chirurgiens de La Flèche : d'azur à un saint Cosme et saint Damien d'or, et une flèche de même coutrée en pointe.

2. — La communauté des tanneurs, corroyeurs et mégissiers de la ville de Durtal : de gueules à un pal d'argent et un chef de même, chargé d'un bœuf de gueules.

3. — La communauté des cabaretiers et hôteliers de la ville et faubourgs de Durtal : d'azur à une bouteille d'argent, couronnée d'or.

4. — La communauté des chirurgiens et apothicaires de la ville de Durtal : de sable à trois boîtes d'or, posées deux et une.

5. — La communauté des marchands merciers, ciriers, droguistes et épiciers de la ville de Durtal : d'azur à une main d'argent, tenant une balance d'or.

6. — La communauté des apothicaires de la ville de la Flèche : de gueules à un mortier, avec son pilon d'argent.

7. — La communauté des boulangers de la ville de la Flèche : d'azur à une hotte d'argent, accompagnée de trois besants d'or.

8. — La communauté des cordonniers, selliers et bourreliers de la ville de Sablé : d'argent à une selle de cheval de gueules accompagnée en chef de deux souliers de sable.

9. — La communauté des tessiers et sergers de la ville de Sablé : d'azur à une navette de tisserand d'or.

10. — La communauté des tanneurs et corroyeurs de la ville de Sablé : de gueules à deux cornes de bœuf d'argent.

11. — La communauté des serruriers de la ville de la Flèche : de sable à une clef d'or, couronnée de même.

12. — La communauté des maîtres cordonniers de la ville de la Flèche : d'azur à trois formes de souliers d'or, mal ordonnées.

13. — La communauté des arquebusiers et couteliers de la ville de la Flèche : d'azur à une platine de fusil d'argent, accompagnée de trois rasoirs de même, deux en chef et un en pointe.

14. — La communauté des selliers et bourreliers de la ville de la Flèche : d'or à une selle de cheval d'azur.

15. — La communauté des libraires et imprimeurs de la ville de la Flèche : de Venise (qui est de gueules), à un lion ailé d'or, tenant un livre ouvert d'argent et une bordure d'argent.

16. — La communauté des cabaretiers de la ville de la Flèche : d'azur à un tonneau d'or, accompagné de trois tasses d'argent.

17. — La communauté des orfèvres de la ville de la Flèche : d'azur à trois assiettes d'argent, deux et une.

18. — La communauté des menuisiers de la ville de la Flèche : de gueules à un maillet d'argent, accompagné de trois rabots de même, posés deux et un.

19. — La communauté des poulaillers de la ville de la Flèche : de gueules à une cage à volailles d'argent, accompagnée de trois coqs d'or, posés deux et un.

20. — La communauté des sergeurs et cardeurs de la ville de la Flèche : de gueules à une carde de cardeur d'argent.

21. — La communauté des tessiers, filassiers de la ville de la Flèche : d'azur à une croix d'or, accompagnée de quatre navettes de tisserand d'argent.

22. — La communauté des tailleurs d'habits de la ville de la Flèche : de gueules à une paire de ciseaux d'or couronnés de même.

23. — La communauté des droguistes, ciriers et chandeliers de la ville de la Flèche : de sable à une ruche d'argent, accompagnée de deux chandelles de même.

24. — La communauté des maréchaux ferrants et taillandiers

de la ville de la Flèche : de gueules à une enclume d'or.

25. — La communauté des maçons et tailleurs de pierres de la ville de la Flèche : d'azur à une truelle d'argent.

26. — La communauté des bouchers de la ville de la Flèche : de sinople à une tête de bœuf d'or.

27. — La communauté des tanneurs, corroyeurs et mégissiers de la ville de la Flèche : d'azur à une toison d'argent.

CHATEAUGONTIER.

1. — La communauté des maîtres apothicaires de Château-gontier : d'argent à deux vipères tortillées en pal et et affrontées de gueules, surmontées d'une couronne d'or.

2. — La communauté des médecins de Châteaugontier : d'argent à une bande d'azur, chargée de trois larmes d'argent.

3. — La communauté des tanneurs de Châteaugontier : de sinople à une vache passante d'or, acornée et onglée de gueules.

4. — La communauté des maîtres mégissiers de la ville et faubourgs de Châteaugontier : de gueules à un grand couteau d'argent posé en pal.

5. — La communauté des sergers de la ville de Château-gontier : d'azur à une sainte Trinité d'or, posée sur une champagne nuagée d'argent.

6. — La communauté des hôteliers et cabaretiers de la ville et faubourgs de Châteaugontier : de gueules à un saint Nicolas d'argent, vêtu pontificalement d'une chappe de même, ornée d'or, sa mitre et sa crosse aussi d'or.

7. — La communauté des maîtres fouleurs de Château-gontier : d'azur à un saint Michel, foulant aux pieds ou terrassant un diable, le tout d'or.

8. — La communauté des chapeliers et corroyeurs de Château-gontier : d'or à un chapeau de sinople, posé en cœur

et accompagné en chef de deux lunettes d'azur et en pointe de deux pommelles de gueules.

9. — La communauté des bouchers de la ville et faubourgs de Châteaugontier : d'azur à un saint Barthélemy d'or, tenant de sa main dextre un couteau et de sa main senestre un livre de gueules.

10. — La communauté des boulangers de la ville de Châteaugontier : d'azur à un saint Honoré d'or.

11. — La communauté des couvreurs, charpentiers, charrons, menuisiers et maçons de Craon : d'azur à une équerre d'or, accompagnée en chef d'un rabot de même et en pointe d'une truelle d'argent.

12. — La communauté des marchands de la ville de Craon : d'azur à un chiffre d'or.

13. — La communauté des cordonniers et savetiers de Craon : d'azur à un soulier d'argent.

14. — La communauté des serruriers, taillandiers, maréchaux et cloutiers de la ville de Craon : d'azur à une enclume d'or.

15. — La communauté des merciers, vendeurs de faïences et autres menues marchandises de la ville de Châteaugontier : d'azur à une tasse d'argent.

16. — La communauté des rôtisseurs, poulaillers, pâtissiers et bouchers de Craon : d'azur à un bœuf passant d'or, accompagné en chef d'un coq d'argent et en pointe d'une lardoire de même.

17. — La communauté des boulangers et meuniers de Craon : d'azur à trois pains d'or, posés en fasce.

18. — La communauté des chirurgiens de Craon : d'azur à trois lancettes d'or, posées deux et une.

HIPPOLYTE SAUVAGE.

(Extrait de la Revue de l'Anjou.)

Angers, imp. E. Barassé. — Germain & G. Grassin, succ. — 1274-77.

ARMORIAL

DES

CORPORATIONS RELIGIEUSES ET CIVILES

DE LA PROVINCE D'ANJOU.

ADDITIONS ET RECTIFICATION

Le chapitre de l'église collégiale de Saint-Maurille de la ville
d'Angers : d'azur à un saint Maurille, vêtu pontificalement,
donnant la bénédiction de sa main dextre à un enfant nu, contourné et à genoux, et tenant de sa main senestre une crosse,
le *tout* d'or, posé sur une terrasse de même.

Le chapitre royal du Puy-Notre-Dame en Anjou : de gueules à
une sainte Vierge, avec un enfant Jésus entre ses bras, assise
dans une niche à la gothique d'or, ayant à ses pieds un écusson *d'azur* chargé de trois fleurs de lys d'or, posées deux et
une, et un dauphin de même, posé en cœur.

Le couvent de l'abbaye de Saint-Serge et Saint-Bach d'Angers :
d'argent à deux hommes de carnation, armés de toutes pièces
de sable, représentant l'un saint Serge et l'autre saint Bach,
tenant chacun d'une main une hallebarde de même et de l'autre
tenant ensemble un écu à l'antique, parti au premier, etc. etc.

L'abbaye de Saint-Aubin de la ville d'Angers : *tranché* d'or et de
gueules à deux croissants de l'un à l'autre.

La communauté des religieux de l'abbaye de Pontron, ordre de
Cîteaux : *d'or* fretté de gueules,

La communauté des chanoines réguliers de l'abbaye de Saint-Georges-sur-Loire ; d'azur semé de fleurs de lys d'argent, à un saint Georges à cheval *d'or*, perçant avec sa lance un dragon *d'argent*, qui est à ses pieds.

L'abbaye de Saint-Georges-sur-Loire, ordre de Cîteaux : de même.

L'abbaye de Saint-Florent de Saumur : d'or à pièces emportées sans nombre de gueules, chacune soutenant un grillet d'azur, *écartelé* de gueules à trois pals de vair et un chef d'or, chargé à dextre d'une merlette de sable et sur le tout de gueules à quatre fasces d'argent.

La communauté des religieux bénédictins de Saint-Florent de Saumur : d'azur à une crosse d'or posée en pal, accostée à dextre d'un *chef* d'argent et à senestre d'une fleur de lys d'or.

La communauté des religieux du prieuré de l'Evière de la ville d'Angers, ordre de Saint-Benoît : de gueules à une *aiguière* d'argent, etc., etc.

Le prieuré-cure de Chauveaux : d'argent à un arbre *de sinople* et un *lièvre de sable* passant devant le fût.

Le prieuré de Châteaupanne : de gueules à un *chevron* d'argent, à un bâton prieural en pal d'or, brochant sur le tout.

Le prieuré de Juigné-Beüe : d'azur à un lion d'or.

Le prieuré du Lion-d'Angers : d'or à un lion de sable *armé*, lampassé et couronné d'azur.

Le prieuré de Denazé (et non Denezé), etc.

Le prieuré de Saint-Eusèbe : d'azur à un bâton prieural d'or *en pal*, accosté des deux lettres S. et E. de même.

Le prieuré de Ferée : d'or à une *force* de sable, couronnée de gueules.

Le corps de la ville d'Angers : de gueules à une clef d'argent, posée en pal, et un chef d'azur *chargé de deux* fleurs de lys d'or.

Le corps des officiers du grenier à sel de la ville de Sablé : de gueules à un minot d'or couronné de même.

Le corps des officiers du grenier à sel de Craon : d'azur à deux pelles d'or, passées en *sautoir*.

La communauté des teinturiers de la ville d'Angers : d'azur à un saint Maurice, à cheval, *d'or*, tenant un guidon d'argent, chargé d'une croix de gueules.

La communauté des marchands pelletiers-manchonniers de la ville d'Angers : d'hermines à un *manchon* de sable, posé en fasce, brochant sur le tout.

La communauté des maîtres bouchers de la ville de Saumur : de gueules à un bœuf au naturel, passant sur une terrasse de sinople, orné de fleurs d'or et d'argent, *entre* ses deux cornes, autour de son col et sur son dos.

La communauté des poëliers et *batiers* de la ville de Saumur, etc.

La communauté des marchands de draps de soie, laines et merceries mêlés, de la ville de Saumur : d'azur à un navire équipé d'or, surmonté de la lettre S d'argent, accostée de deux étoiles de même.

La communauté des boulangers de la ville du Lude : d'argent à une pelle de four de gueules posée en *fasce*.

La communauté des chirurgiens de La Flèche : d'azur à un saint Cosme et un saint Damien d'or, et une flèche de même couchée en pointe.

HIPPOLYTE SAUVAGE.

(Extrait de la Revue de l'Anjou.)

Angers, imp. Germain et G. Grassin, rue Saint-Laud. — 268-79.

16 Sept

ORIGINAL EN COULEUR
NF Z 43-120-8

www.ingramcontent.com/pod-product-compliance
Lightning Source LLC
Chambersburg PA
CBHW072017290326
41934CB00009BA/2110